© 2018 by Universo dos Livros
Todos os direitos reservados e protegidos pela Lei 9.610 de 19/02/1998.
Nenhuma parte deste livro, sem autorização prévia por escrito da editora, poderá ser reproduzida ou transmitida sejam quais forem os meios empregados: eletrônicos, mecânicos, fotográficos, gravação ou quaisquer outros.

Diretor editorial: **Luis Matos**
Editora-chefe: **Marcia Batista**
Assistentes editoriais: **Aline Graça e Letícia Nakamura**
Preparação: **Cely Couto**
Revisão: **Jonathan Busato e Alline Salles**
Arte: **Aline Maria e Valdinei Gomes**
Projeto gráfico: **Valdinei Gomes**
Capa: **Aline Maria e Marina de Campos**
Fotos de capa e de miolo: **Arquivo pessoal do cantor**

Dados Internacionais de Catalogação na Publicação (CIP)
Angélica Ilacqua CRB-8/7057

M429m

    MC Gui, 1998
    MC Gui : o livro oficial do astro/MC Gui.
    – São Paulo: Universo dos Livros, 2018.
    144 p., il.

    ISBN: 978-85-503-0295-9

    1. Cantores – Brasil – Biografia 2. Funk (Música) - Brasil I. Título

18-0158
    CDD 927.8

Universo dos Livros Editora Ltda.
Rua do Bosque, 1589 – Bloco 2 – Conj. 603/606
CEP 01136-001 – Barra Funda – São Paulo/SP
Telefone/Fax: (11) 3392-3336
www.universodoslivros.com.br
e-mail: editor@universodoslivros.com.br
Siga-nos no Twitter: @univdoslivros

MC GUI

Sonhar. Nunca desistir!

São Paulo
2018

Grupo Editorial
UNIVERSO DOS LIVROS

O BONDE PASSOU, A NOVINHA OBSERVOU

"O Bonde Passou",
MC Gui

SUMÁRIO

1. Como a minha história virou livro — 11
2. Uma brincadeira que virou funk — 19
3. Eu, o jovem "ostentação" — 39
4. Os primeiros 50 milhões no YouTube — 53
5. Parcerias — 75
6. O time por trás da fama — 81
7. A perda do meu irmão — 89

8.	O poder da minha mãe (e do meu pai, e da minha família)	97
9.	A mulherada e o Instagram	105
10.	Sonhar, nunca desistir. E ter fé!	113
11.	A importância de ter sonhos	121
12.	Para além do funk	131
	Discografia	136
	Quiz	140

Como a minha história virou livro

SALVE, PESSOAL! TUDO BEM?

Se você chegou até meu livro...
... já deve ter ouvido minha música e entendido a minha mensagem. Certo?

Olá, meu nome é MC Gui.
Meu lance é a esperança, o amor e o romance.
Este livro é dedicado a você, que é minha fã.
Que me acompanha.
Que está sempre comentando no meu Stories do Instagram.
É pra você, gatinha.
É pra você, que não perde um show meu.
Que está sempre gritando meu nome e mandando as vibes mais positivas.
Todas as palavras e lembranças que coloco neste livro são para vocês.

As guináticas. As mulheres sonhadoras que são.

A todos os meus fãs que sempre botaram fé na minha carreira.

Além disso, eu não estaria aqui sem o apoio dos meus pais, Rogério e Claudia, e também da minha irmã, Stefani, e do meu irmão, Gustavo – o Gu, que está lá em cima.

Sem vocês, nada disso teria sido possível!

Lutei contra muitos obstáculos que teimavam em aparecer na minha vida e na vida de meus familiares. As pessoas te discriminam por quem você é, pelo que você canta e pelo que você conquista. Infelizmente, a inveja faz parte do ser humano e esse tipo de sentimento é baixo, pequeno e muitas vezes cruel.

Me joguei no mundo, mas nunca esqueci das minhas raízes no Brasil, nunca esqueci da educação que recebi em casa e nunca deixei de superar os meus próprios limites. Meu pai e minha mãe, na verdade, sempre me deram liberdade e estímulo para que eu chegasse aonde estou hoje.

Já ostentei muita coisa, mas tudo foi conquista de trabalho duro. Toda vez que subi no palco foi pensando em vocês. Minhas letras têm o intuito de sensibilizar os jovens, que são muito carentes de esperança e fé na vida.

Quero que mais pessoas sigam o meu exemplo e briguem pelo que acreditam. O mundo precisa de mais idealizadores. O Brasil precisa de idealizadores que coloquem em prática tudo o que querem através do seu trabalho. O meu trabalho foi, desde muito novo, usar a voz e as palavras para provocar mudanças positivas na sociedade.

Portanto, sejam bem-vindas e bem-vindos ao meu livro!

POR QUE ESCREVI ESTE LIVRO?

Tudo aconteceu muito rápido e senti necessidade de colocar no papel, porque é assim que a gente eterniza nossa história. Este livro foi nascendo da mistura entre os sentimentos do que criei e da minha visão sobre tudo o que vivenciei na minha carreira e no funk.

Tenho consciência de que ainda vai rolar muito mais e que muitas experiências surgirão para meu aperfeiçoamento profissional e pessoal. Mesmo assim, não tenho medo de enfrentar a vida, de aproveitar as oportunidades que aparecerem pela frente. Nunca tive medo daquilo que é novo. Nunca tive medo de tentar de novo todas as vezes. Por isso, faço questão de registrar o que vivi até aqui e compartilhar com vocês, que fazem tudo isso valer a pena.

Adoro quando as meninas piram nas minhas letras e até quando os manos curtem os bailes no ritmo do meu som. Gosto de provar que a vida pode ser boa, sim, se aproveitada com sabedoria. Nunca me conformei com pouco e sempre busquei mais, em todos os aspectos, e é isso que desejo pra vocês.

Por todos esses motivos, quero que a minha visão fique bem clara para você que me lê em todas estas páginas. E, se não conhece as minhas letras e o meu som, este livro é uma ótima oportunidade para embarcar em uma viagem realmente musical pelo mundo do funk.

> *Acho que os ideais que defendo nas músicas que crio são necessários em um mundo repleto de problemas como o que enfrentamos hoje. Existem muitas distrações supérfluas, caminhos incertos e drogas e, por tudo isso, muita gente sem perspectiva.*

Precisamos de gente com esperança, feliz e sem medo de se jogar nas experiências da vida. Que elas percam o medo de ficar, namorar e curtir até encontrar *aquela* pessoa pro resto dos seus dias. Tá estranhando? Pode até ser, mas eu nunca escondi o meu lado romântico. Isso vem do carinho que sempre recebi em casa e das pessoas que conheci. Vivi amores muito bacanas que formaram quem eu sou hoje, e me fizeram acreditar na força desse sentimento.

Então... pode colocar seus fones de ouvido e cair na balada e na batida. O funk vai começar, com fé e sem desistência. Nas próximas páginas, você descobrirá como tudo começou e como eu caí de cabeça nesse mundo do qual não pretendo sair tão cedo. Entre milhares de shows por ano, um grande sentimento de perseverança existe em mim e na minha carreira.

É uma batalha da qual não vou desistir.

Todos os dias.

E isso tudo por vocês!

O QUE É FUNK OSTENTAÇÃO?

Estilo musical que nasceu por volta de 2005 na cidade de São Paulo, estendendo-se pelo ABC Paulista e pela Baixada Santista. O funk ostentação explodiu a partir de 2010. Ele promove o consumo, com MCs que ostentam carros caros, motocicletas, joias e itens de marca. É um funk que se contrapôs às letras que enalteciam a criminalidade até então, os chamados proibidões que surgiram nos anos 1990 e favelas do Rio de Janeiro. O novo estilo começou com MCs que resolveram expressar nas letras o que estavam conquistando com seu próprio sucesso, graças à popularidade cada vez maior do gênero musical.

Em geral, apresenta letras mais positivas e que muitas vezes inspiram os brasileiros mais humildes a imaginar um mundo além da miséria – e a brigar por essa possibilidade.

Uma brincadeira que virou funk

E AÍ!

Como as oportunidades surgem em sua vida? As minhas apareceram de um jeito único, por incrível que pareça, após algumas brincadeiras de criança. Algumas coisas que comecei a fazer de maneira muito ingênua ganharam uma força e uma popularidade que eu jamais poderia imaginar. E algumas pessoas tornaram essa diversão muito mais séria do que ela parecia.

Ainda bem que as coisas aconteceram dessa forma.

Sou da geração que cresceu com internet e com YouTube. Música sempre esteve no meu sangue, no som da minha voz, no balanço do meu corpo. Era impossível que eu não entrasse nessa. Desde que me conheço por gente eu canto de alguma forma.

Em 2009 eu tinha só 10 anos, e foi naquele período que tudo mudou. E para melhor. Antes de ser o MC Gui, eu era só o Guilherme. Meu nome é Guilherme Kauê Castanheira Alves. E era assim que eu era conhecido. Meu pai, Rogério, e minha mãe, Claudia, cuidavam de tudo e as preocupações eram poucas. Sempre fui corintiano e brincava com meus amigos. Gosto de jogar bola.

Meu irmão Gustavo era um cara com quem eu sempre zoava. Foi assim que a gente criou nossa primeira música, sem nenhuma pretensão. Éramos uma dupla, eu e o Gu. Ele faleceu há três anos... É muito difícil falar sobre essa perda, mas reservei um capítulo só pra isso.

Meu pai tinha um amigo que tinha carro importado e iate. O nosso amigão tinha um Camaro amarelo. Eu me pendurava no capô, tirava sarro e azarava todo mundo. Meu pai queria que eu cantasse tudo aquilo. E eu queria muito! Tava na onda! Precisava falar tudo!

"**Ela Quer**" foi minha primeira música e representava tudo isso!

ELA QUER

Ela quer minha Lamborghini
Ela quer o meu Camaro
Ela só quer saber de tomar
O champanhe e do mais caro (2X)
(Vai mulher doida, hein)

Tamo chegando no Guarujá
As novinhas no maior debate
Pra ver quem vai dar um peão
Comigo no meu iate

Daqui a pouco eu vou encostar
Minha Lamborghini na garagem
Que as novinhas ficam loucas
Quando eu pego minha Ferrari

Tá 40 graus e a Juliet tá na cara
Desfilando com o cordão de ouro
Lá no calçadão da praia

Pra finalizar
Nós guarda o carro na garagem
Sobe lá pra sauna
E relaxa na hidromassagem

Ela quer, ela quer
Meu Camaro e meu iate
Ela quer, ela quer
Minha Lamborghini e minha Ferrari (2x)

Ela quer minha Lamborghini
Ela quer o meu Camaro
Ela só que saber de tomar
O champanhe e do mais caro (2x)
(Vai mulher doida, hein)

(Repete)

EU ERA NOVINHO E FAZIA MÚSICA PRA NOVINHA. VIA CARRÃO E VIA MUITA GENTE BONITA. FOI ASSIM, BEM NOVO MESMO, QUE COMECEI A FAZER SHOW. ENTENDI RAPIDÃO O QUE ERA OSTENTAÇÃO. PASSEI A COMPREENDER QUE O PESSOAL DA PERIFERIA ESTAVA MELHORANDO DE VIDA, POR ISSO ERA IMPORTANTE SAUDAR AS CONQUISTAS. E O FUNK É ISSO: SOM QUE VALORIZA O QUE É NOSSO, QUE MOSTRA O AVANÇO DO POVO.

Amei tudo o que fiz no palco, incentivado pelos meus pais. Aquilo foi a sementinha de uma maratona de trabalho a que me acostumei muito. Com muita dedicação e graças ao carinho das guináticas de todo o Brasil, minha música de ostentação se converteu em riqueza – o sonho se tornou realidade!

Mas acredite: ter dinheiro não é a solução de todos os problemas. Sair da quebrada e prosperar não é o "final feliz". É só o começo de algo muito mais louco!

MÚSICA NÃO FOI A MINHA PRIMEIRA OPÇÃO

Não. Por incrível que pareça, nem sempre quis ser funkeiro. Na verdade, eu realmente era um menino comum antes de começar na música de um jeito precoce.

Sempre amei futebol, sou fanático pelo Corinthians. Minhas lembranças de infância são muito ligadas ao futebol, seja brincando com meus amigos ou nas inúmeras vezes em que fui com meu pai ao estádio assistir aos jogos do Timão – fatos que ainda hoje se repetem!

Então, o que eu sonhava em fazer?

JOGAR BOLA, MANO! IMAGINA ESSE CRAQUE NA SELEÇÃO...

Você consegue acertar quem sou eu na foto?

Todos os meninos um dia sonham com algo assim, né? Fazer algo legal no seu trabalho, ser famoso e conquistar o mundo. Só que não era fácil ser jogador de futebol. E ainda hoje é muito difícil! É coisa pra quem tem o dom mesmo, para quem já nasceu com o talento.

Ser um MC era mais acessível e parecia, para mim, um caminho mais curto. Tinha 10 anos quando decidi que cantar seria mais fácil do que dar um chutão na bola e marcar uns gols. E não só pensei como comecei a botar a mão na massa!

E é sempre bom lembrar que tudo começou com uma dupla. Eu não estava sozinho. No início mesmo, quando eu tinha apenas uma década de vida, formei uma dupla com meu irmão Gu chamada "Os Menorzinhos". A gente fez muita coisa junto, e eu me amarrava. Fomos levados aos palcos e incentivados a seguir carreira por MC Lon, MCs Pikeno e Menor, MC Chiquinho e Amaral... Serei eternamente grato a eles.

Começamos a dupla no ano de 2010, novinhos de tudo. Escrevemos e cantamos com artistas que já eram famosos, mas o Gustavo acabou não gostando muito da onda e

nem ficou insistindo muito nisso, não passou de dois anos. Fiquei parado com ele. *Ué, se não fez sucesso também não vou ficar parado aqui achando que vai dar*, pensei naquele tempo. Não chegamos nem a gravar nada marcante.

Um ano depois voltei pro batente, por recomendação de muita gente que acreditava no nosso sucesso. O Gu preferiu não voltar, mas o sócio do meu pai, Wagner Magalhães – o Vavá – resolveu apostar em mim e me empresariar, e não deixei essa oportunidade passar. Foi assim que o MC Gui apareceu.

Meu irmão trabalhou comigo até o fim da vida dele, mas não como cantor. Ele me ajudou de muitas outras formas e ainda ajuda, porque pessoas incríveis nos marcam até depois da morte. Elas nunca se separam de nós, nem daquilo que nos tornamos graças a elas.

ROTINA PARA CRIAR MINHAS MÚSICAS

Rotina? Meninas, não existe essa palavra na minha vida!

Eu sei, fui eu quem escreveu "rotina" aí em cima, mas acho que essa palavra não descreve exatamente como crio minhas músicas. Um funk nasce de um jeito muito diferente, especialmente pra mim. Como não encontrei palavra melhor, acho que vou deixar rotina mesmo, porque pra essa onda criativa ainda não inventaram um nome.

Cara, eu crio músicas no banheiro.

Exatamente. Lá. Sentado. Esperando pra ver o que vai rolar, pensando na morte da bezerra. Geralmente penso na letra e muitas vezes há sugestões de como produzir a música da melhor forma.

A brincadeira que meu pai fazia comigo no começo de carreira de certa forma nunca mudou, aquilo ficou comigo para sempre na minha maneira de compor. Por isso, eu me mantenho fazendo músicas dessa forma descontraída. Pego um tempo no ônibus, no avião, no fim de semana com uma namorada, uma noite de tédio, enfim, diferentes oportunidades. Não tenho uma rotina fechada do tipo "olha, hoje vou sentar aqui e no final da tarde vai sair um funk de sucesso". A minha rotina de criação, na verdade, é aproveitar muito bem o tempo livre e transformar os bons momentos em sons que animam, inspiram e mexem com as pessoas.

Baseei o jeito de cantar no Justin Bieber. É um jeito popzão, o tipo de som do bem e que atrai todo mundo. Inclusive, o clipe de "**O Bonde Passou**", meu segundo sucesso de 2013, eu gravei no toboágua e em uma pista de boliche, pra reunir uma galera.

POR QUE FIZ ISSO? FUI FORTEMENTE INSPIRADO NO BIEBER, NO PESSOAL QUE QUER APROVEITAR A VIDA.
EU QUERIA MESMO ERA FAZER O SOM DA NOVA GERAÇÃO.
E O QUE A GENTE GOSTA DE FAZER? SAIR PRA CURTIR.

E graças a Deus! Graças a Ele a música ficou muito famosa. E foi assim que decidi continuar produzindo meus trabalhos. Eu encontrei a melhor forma de criar novas músicas, deixando rolar e sempre me divertindo muito durante o processo. O lance sempre foi ouvir muito os meus ídolos e juntar influências diferentes pra colocar em um novo som.

Brincar com tudo isso, sem pressão, com sinceridade. No fundo é tudo uma grande brincadeira!

As pessoas acham que eu componho todo dia e toda hora. Nem sempre é fácil. Muitas vezes alguma música sai porque estou acompanhado de outros MCs e gente da produção que é tão criativa quanto eu! Sou capaz de criar muita coisa quando estou rodeado de amigos, mas não é todo dia que sai uma música nova.

Chego a ficar semanas sem nada em mente, porque compor não é nada fácil. Em algumas ocasiões, a coisa surge inteira na minha cabeça de uma vez. Nas raras vezes em que isso acontece, preciso sentar e escrever, tocar violão, mexer em uma caixa de som, cantar e testar, testar, testar... até chegar lá!

Mesmo com tantos desafios, consegui ir além da minha própria carreira e hoje componho pra amigos e parceiros na produtora.

GUIADO PELA PAIXÃO

Não é só o tempo livre, o acaso ou as inspirações que me embalam no funk. Tem também uma coisa muito comum no mundo musical que me afeta: o amor. Desilusões, paixões e muitas meninas me inspiraram na minha caminhada. Inclusive você, linda, que me lê aqui.

Estar apaixonado sempre foi importante pra mim. A música "**Mata Essa Saudade**", de 2015, eu fiz com o coração palpitando no avião.

**APROVEITEI A POLTRONA.
PENSEI NA GATA QUE ME INSPIRAVA.
PUXEI UMA FOLHA, UMA CANETA E RABISQUEI.
TAVA SOFRENDO DE AMOR QUANDO FIZ AQUELA MÚSICA.**

Ninguém nunca soube disso, e eu resolvi revelar aqui para que mais pessoas saibam o que sinto, expresso e transformo em músicas.

Não foi apenas o ato simples de criar um funk novo. Naquele momento em que decidi escrever dentro do avião, eu realmente caí em lágrimas por causa daquela garota. Ela não saía da minha cabeça e eu queria matar a saudade. Era um pensamento que ia e voltava. Acho que minha carreira amadureceu muito ali, embora reconheça que aquela era uma típica música de quem está sofrendo por uma paixão pra lá de impossível.

MEUS ÍDOLOS, MINHA INSPIRAÇÃO

Bieber não foi a minha única inspiração e isso ficou claro na minha carreira como um todo, como você vai ver nas próximas páginas deste livro. Por isso, desde cedo passei a acompanhar os meus ídolos. Vi o que eles faziam, li o que pude sobre eles e fui conferir algumas apresentações. Isso me ajudou bastante.

Turma do Pagode, Mr. Catra, Arte Popular e MC Nego Blue (que hoje faz parte da lista de artistas da RW-NI e é meu amigo pessoal) foram alguns exemplos que tanto me ajudaram e influenciaram minha vida artística. Alguns MCs chegaram a participar do meu primeiro clipe pra dar aquele incentivo. Sem contar que toda essa ascensão se deve ao Mr. Catra, que, em um de seus shows pediu que eu subisse ao palco e mostrasse o que eu sabia fazer. Isso mudou tudo, para sempre. Naquele momento senti que faria sucesso, foi demais!

Outro cara que me inspirou foi o MC Daleste. Companheiro da Penha, ele morreu brutalmente com tiros em 2013, durante um show em Campinas. A tragédia de uma lenda como o Daleste, que tinha só 20 anos, me inspirou a cuidar da minha carreira. Queria continuar representando a memória dele no funk ostentação.

FORTUNA, SAÍDA DA ESCOLA E SHOWS

Em quatro anos, minha vida virou de pernas pro ar. Literalmente; não estou forçando a barra. Não é invencionice da minha cabeça. Minha família se transformou no meu porto seguro profissional e eu não parava de cantar sobre as novinhas, as minhas lindas, por todo canto! As paquerinhas de escola tinham evoluído. Minha vida jamais seria a mesma.

JÁ ESTAVA COM MEUS 14 ANOS E TIRAVA, SEM BRINCADEIRA, R$ 120 MIL POR MÊS. EM MENOS DE UM ANO, ERA MAIS DE UM MILHÃO, DIZIAM MEUS PAIS E A IMPRENSA. ACABEI VIRANDO UMA FIRMA, UMA EMPRESA, E SÓ CONTINUEI NA ATIVIDADE.

Mas surgiram, claro, vários problemas nessas paradas. E a gente não pode dar mole!

Eram mais de 50 shows por mês, uma verdadeira maratona pra um menino como eu era. Ficou impossível. Tive que sair do colégio e me afastei de muitos amigos. Passei a aproveitar a adolescência junto com a rotina doida do trabalho. Mas me mantive longe de vícios, pra permanecer na caminhada.

Fiquei distante de tudo que podia fazer mal diretamente a mim e aos meus familiares. Não foi fácil, porque hoje em dia toda a sociedade está rodeada de diversões perigosas, que parecem inofensivas e no fim acabam com tudo o que você conquistou. Mas eu não caí nessa roubada.

O QUE, DE FATO, É O FUNK?

Na década de 1960, um ritmo de música muito popular entre as pessoas negras surgia nos Estados Unidos. Ela misturava soul, jazz e diversos estilos. Com uma pegada rítmica e dançante, esse funk fez sucesso internacionalmente.

Mas o funk tipicamente brasileiro não tem absolutamente nada a ver com isso. Influenciado pelo miami bass e pelo freestyle, bastante pesado, o funk carioca surgiu nos anos 1990 com os DJs.

Há variações, como o funk ousadia, focado no sexo, e o proibidão, que realmente fala sobre crimes, tráfico de drogas e violência, além do funk melody com temáticas românticas. A versão paulista do funk floresceu nos anos 2000 com a produção caseira e os MCs que ostentam. A pegada é muito mais positiva, e é desse estilo que eu faço parte.

COMO SURGIRAM OS ÍDOLOS TEEN?

A partir dos anos 1940 e 1950, músicas focadas nos jovens passaram a pipocar nos Estados Unidos e na Europa graças à difusão das rádios. Paul Anka e Ricky Nelson foram pioneiros nisso.

O rock e o blues tornaram a beatlemania possível no Reino Unido. E foi assim que John, Paul, Ringo e George se tornaram artistas de referência de toda uma juventude.

A partir dos anos 1970 e 1980, Jackson 5, Michael Jackson e Madonna abriram espaço para o pop de grande repercussão. Hanson, The Backstreet Boys e 'N SYNC popularizaram as boy bands, enquanto as Spice Girls contagiaram as meninas. Entre 1990 e os anos 2000, as divas pop, como Britney Spears, Christina Aguilera, Jessica Simpson e outras, conquistaram o mundo. Depois, Justin Bieber surgiu como um fenômeno típico da internet.

A veia pop do MC Gui vem de toda essa linha da juventude, misturando tendências em um estilo único e tipicamente brasileiro.

O QUE É O JAZZ?

Um dos estilos que criou o funk internacional, é a música dos negros americanos que estourou nos anos 1920 e que já existia entre o fim do século XIX e começo do século XX. É um gênero até difícil de definir, de grande variedade harmônica, melódica e rítmica, que ganhou força com a libertação dos indivíduos escravizados. Do sul dos Estados Unidos, o estilo cresceu pro mundo todo e provou que a música dos pobres pode alcançar o topo das paradas.

O QUE É O MIAMI BASS?

Diferente do jazz e do funk internacional, o miami bass surgiu nos anos 1980 do hip hop. O gênero ganhou força também graças ao eletro funk.

Os DJs disseminaram a música da periferia de Orlando em todas as festas. Assim, o miami bass influenciou o hip hop cubano, dominicano e, acima de tudo, o funk carioca. O funk brasileiro bebeu desse segmento do bass. Nessa onda, o estilo ostentação apareceu como uma versão mais otimista, representando o estilo de São Paulo, para se diferenciar dos funkeiros do Rio de Janeiro.

CHAPEI O COCO E ACORDEI COM SEDE

"Chapei o Coco", MC Gui

Eu, o jovem "ostentação"

Com menos de 18 anos eu era um dos representantes do "ostentação". É muito doido como isso foi crescendo em pouquíssimo tempo! "**Ela Quer**" me tornou famoso, meu pai resolveu ser meu produtor e diretor musical, e logo vieram os singles e os discos. E tudo o que eu queria era botar meus óculos escuros com lentes brilhantes, botar minhas correntes e cair no rolê!

"**O Bonde É Seu**" também apareceu em 2013 e virou um disco ao vivo no ano seguinte. Ele vendeu, sozinho, 30 mil cópias. De repente eu era um moleque repleto de fãs e surgiram as "guináticas", essas mulheres que acompanham o que faço com paixão.

E a letra do "Bonde" é essa aqui:

"O BONDE PASSOU"

O bonde passou
A novinha observou
O bonde passou
A novinha observou

Estilo panicat
Gosta do seu Facebook
Faz vídeo do MC Gui
Pra postar no YouTube

Eu tô na mira dela
Ela tá na minha mira
Aí que eu te pergunto
De onde vem essa novinha

O bonde passou
A novinha observou
Viu o MC Gui
Nesse daí eu vou que vou

Ela pensa que me engana
De boba não tem nada
Quer ostentação
Dar um pião de sonata

Corpinho uma beleza
Carinha de princesa
Vale mais que um diamante

Essa mina é uma riqueza
Ela quer apê na praia
Cobertura à beira-mar
Se ajoelha no chão
Me pedindo pra casar

Passou no calçadão
Do jeito que tá na moda
Olha a cara dos menino
Viiiiish
Não tem quem não olha

O bonde passou
A novinha observou
Viu MC Gui
Nesse daí eu vou que vou

Ela pensa que me engana
De boba não tem nada
Quer ostentação
Dar um pião de sonata

Estilo panicat
Gosta do seu Facebook
Faz vídeo do MC Gui
Pra postar no YouTube

Eu tô na mira dela
Ela tá na minha mira
Aí que eu te pergunto
De onde vem essa novinha

EXISTE IDADE PARA O SUCESSO?

Revistas e sites afirmam que eu "estourei" muito novo. Na realidade sempre fui um retrato da sociedade atual, que já nasce com a internet rodando e tudo acontecendo muito rápido. Meus pais falam de uma época antes do on-line, na qual quase tudo era mais difícil. No entanto, eu não vivi somente com facilidades. A minha geração é de gente que ainda convive com favela e muita pobreza.

Por influência dos meus pais, resolvi cantar sobre a minha própria realidade. No fundo, toda aquela música era da rua e sobre a rua. E sobre as ambições de um povo que finalmente teve alguma oportunidade de comprar um carro, curtir algumas festas, sair, espairecer.

O meu sucesso é reflexo dessa origem. A música que eu criei trata justamente sobre esses temas. E nada é feito de maneira superficial, todas as letras são de coração e expressam meu sentimento sobre as situações que vivi. É importante fazer isso com toda a autenticidade!

Os problemas estão aí, mas as soluções também estão. Foi dessa forma que abracei as oportunidades que foram se abrindo para mostrar a minha visão sobre as coisas.

COMECEI A SER RECONHECIDO LOGO AOS 13 ANOS, O QUE É UM BAITA PRIVILÉGIO E UMA BAITA RESPONSA PRA ALGUÉM DESSA IDADE. MUITA GENTE PASSOU A REPARAR NO QUE EU FAZIA E SE IDENTIFICAR; FOI UMA SINTONIA COM O MEU PRÓPRIO TEMPO.

É uma grande responsabilidade ser uma figura pública no Brasil. Agora, enquanto escrevo este livro, percorro uma turnê internacional que passa pela Ásia, Estados Unidos e México. Eu realmente fui até o outro lado do mundo pra espalhar a minha musicalidade e representar o lugar de onde vim.

Minha música é o canal pra mostrar o quanto sou feliz e o quanto as pessoas também podem ser felizes. É muito bacana enxergar que essa possibilidade é real e presente. É muito bom ser a pessoa que poderá permitir que inúmeros jovens mudem a sua realidade, ou mesmo se divirtam ainda mais.

COMO É ESTOURAR NA INTERNET

No século passado, os músicos diziam que você dependia sempre de uma grande gravadora para ser um sucesso garantido. Eu, desde menino, descobri rapidão que poderia fazer as coisas do meu jeito e em formatos que no passado seriam simplesmente impossíveis.

Antes de 2013, eu não tinha nenhuma grande gravadora. Fazia tudo em um estúdio próprio e tinha a carreira gerenciada pelos meus pais. A RW Produtora sempre cuidou da minha música e inovou no funk de São Paulo, diretamente da Vila Formosa, mostrando que é, de verdade, um "novo império" na música.

A RW Produtora ajudou o MC Gui, eu mesmo, a ser quem sou hoje. E acreditou em novos talentos: MC CL, MC Lil, MC Lan, MC Fioti, MC 2R, MC BW, MC Dik, MC Mirella, o rapper Gabriel Medeiros, MC Rahel, MC Guto, MC THD, MC Saci e MC Caio Amador são alguns dos nomes que ela revelou. Todos companheiros do funk, amigos e parceiros.

E toda essa infraestrutura me ajudou a buscar o YouTube e os vídeos nas redes sociais como a minha real plataforma de divulgação. Foi assim que apostei bastante no Instagram, no Facebook e em todos os locais em que pude marcar presença.

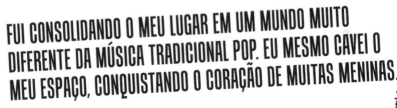

FUI CONSOLIDANDO O MEU LUGAR EM UM MUNDO MUITO DIFERENTE DA MÚSICA TRADICIONAL POP. EU MESMO CAVEI O MEU ESPAÇO, CONQUISTANDO O CORAÇÃO DE MUITAS MENINAS.

Depois o sucesso veio com contratos com a Universal Music Brasil. E eu me inspirei muito em compositores que fizeram história no meu estilo, como o MC Daleste. Considerando a cena internacional, uma das minhas inspirações é o Justin Bieber.

Foi assim que estourei na internet e me construí. Me fiz assim.

O QUE ACONTECEU COM AS GRAVADORAS EM TEMPOS DE INTERNET?

Os selos musicais começaram a surgir em torno de 1920, com o crescimento das rádios. Nas décadas de 1970 e 1980, os selos formaram as gravadoras, que se associaram com grandes corporações. 1990 trouxe as estrelas pop e a música global.

A internet, o Napster e os anos 2000 colocaram as gravadoras em xeque. Sony, Warner e os próprios músicos protestaram. Mas, sem isso, não seria possível que um estilo tão popular quanto o funk brasileiro prosperasse.

Bastava um computador, alguns programas e você conseguia fazer a própria música. As gravadoras só se adaptaram quando finalmente deram espaço para os artistas que já estão na rede. O mundo on-line mudou as gravadoras para sempre.

Os primeiros 50 milhões no YouTube

DEIXA EU TE FAZER UMA PERGUNTA: O QUE É SUCESSO PRA VOCÊ?

Pra mim, pode ser muita coisa. Ir à praia! Sair com amigos! Curtir quem a gente ama! Muita coisa pode significar sucesso e realização pessoal. Eu agradeço por cada momento de felicidade no meu dia a dia e vejo como parte das minhas conquistas, mas também estabeleci minhas próprias metas de sucesso no funk.

Ainda bem que, tirando alguns poucos imprevistos na vida, fui uma pessoa bastante feliz. E esse sorriso que eu sempre estampei no rosto contribuiu para que eu conquistasse o meu espaço na música e pudesse almejar uma projeção maior.

Ganhar dinheiro é algo que muita gente encara como uma medida para o sucesso. Deixar de ter problemas financeiros é algo que torna artistas como eu pessoas bem-sucedidas aos olhos do público, mas tudo isso é bastante relativo. Depende do seu objetivo.

Tem gente que diz que ter sucesso é chegar a um milhão. Um milhão de reais? Talvez. Um milhão de visualizações? Quem não conhece YouTube, diria que é isso.

Mas a meta que eu tinha que conquistar para realmente chamar atenção na internet era isso vezes 50. Eu precisava de 50 milhões de *views* no meu clipe.

A IMPORTÂNCIA DO YOUTUBE

O YouTube é a maior plataforma de vídeos do mundo. Se quer ser funkeiro como eu, você tem que aprender a usar essa plataforma. Uma das coisas que sempre me ajudou foram os joinhas em cada material que coloquei na internet.

É simples: todo e qualquer vídeo pode ser bem ou mal avaliado. Quanto mais você avalia bem um vídeo de um criador de conteúdo em que acredita, mais aumenta a capacidade dele de atingir novos públicos. Mas, mais importante do que o joinha, o curtir, é se tornar inscrito do canal. O assinante faz a magia acontecer e o bom conteúdo bombar, contribuindo diretamente para a expansão da presença na internet.

Quer alguns exemplos? No meu canal oficial, tenho mais de 648 mil assinaturas e 116,5 milhões de visualizações. A RW Produtora está lá também com mais de 574 mil assinantes e 153 milhões de *views*. As duas contas me beneficiam diretamente. Fora isso, também estou com músicas no KondZilla, que lança outros funkeiros, e que tem 27 milhões de inscritos e mais de 13,5 bilhões, isso mesmo, mano, *bilhões* de visualizações!

É essa rede que permite que eu bata grandes números e que a minha música chegue com frequência a todos os meus fãs.

Cada uma de vocês que se inscreve dá uma chance maior para a minha presença na plataforma digital. E isso se transforma em shows, turnês e apresentações de TV.

Um mundo de possibilidades a cada clique.

A CORRIDA DOS 50 MILHÕES

Na minha primeira música, eu não precisava chegar apenas em 1 milhão, mas em 50 milhões. Era a medida de sucesso que eu, meu time e a produtora precisávamos alcançar na internet.

"**O Bonde Passou**" abria com a minha chegada em um Porsche amarelo, cumprimentando o segurança e os meus amigos. A letra falava das novinhas que postavam vídeos comigo no YouTube e explicava como as meninas tomavam a iniciativa.

O vídeo foi pro YouTube no dia 2 de abril de 2013 pela conta da produtora RW. Foram 216 mil curtidas. E a visualização total? Tô vendo aqui em 2018, mais de cinco anos depois. Deu 53 milhões de visualizações.

A mensagem que eu queria deixar pra todas essas pessoas se alastrou. Eu era muito novo na época da gravação, mas a coisa pegou e foi em frente. Não me contentei apenas com essa música. Variei ritmos, mudei a pegada, mas sempre falei de vocês, as minhas lindas. E os números dispararam.

HITS MILIONÁRIOS NO YOUTUBE

Depois de "**Ela Quer**", gravei o clipe de "**O Bonde Passou**", também divulgado em 2013. Tem muitas versões dela na internet, batendo milhões de *views*. Vocês já viram a letra lá no capítulo 2. Ela dá bem a cara do que eu queria e conquistei pra minha carreira. Falei de barco e de carrão e foi o maior estrondo.

Em 2014, gravei "**Beija ou Não Beija**" com o Latino. Mas é importante falar dos números primeiro, porque foram muito bons: bati 22 milhões de *views*!

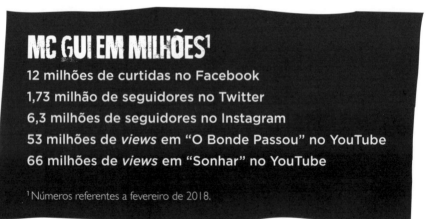

MC GUI EM MILHÕES[1]
12 milhões de curtidas no Facebook
1,73 milhão de seguidores no Twitter
6,3 milhões de seguidores no Instagram
53 milhões de *views* em "O Bonde Passou" no YouTube
66 milhões de *views* em "Sonhar" no YouTube

[1] Números referentes a fevereiro de 2018.

BEIJA OU NÃO BEIJA

Beija ou não beija?
Beija, beija

Beija ou não beija?
Beija, beija

Beija ou não beija?
Beija, beija

Porque eu te quero e talvez eu vá beijar você

Voltando do último baile já pela manhã
Avistei uma foto sua no meu Instagram
Fiquei enfeitiçado
Confesso, não acreditei, tô sonhando acordado!

Hoje posta uma cartinha no meu Facebook
E todas as minhas fotos você também curte
Gostei do comentário
"MC Gui é muito lindo, eu te amo e viajei no look"

Te espero lá no meu Twitter
Já tô conectado, já aceitei o seu convite
Porque te quero, anota o meu ID
Um dia tu me chama, talvez eu vá beijar você!

Beija ou não beija?
Beija, beija

**Beija ou não beija?
Beija, beija**

**Beija ou não beija?
Beija, beija**

Porque eu te quero e talvez eu vá beijar você.

"**Sonhar**" também é de 2014. O vídeo mais famoso dela é de uma apresentação ao vivo com um violão. A minha criação é leve, extremamente positiva e feliz. E foi hit no YouTube, com mais de 60 milhões de visualizações. Canta alto aí comigo:

"SONHAR"

**Não nasci na rua
Mas me joguei nela
Sou mero aprendiz
Na vida de favela
Onde eu tenho certeza
Que a fé nunca morre
E a vida real não parece novela**

**Se hoje eu tenho, eu quero dividir
Ostentar pra esperança levar
Pras crianças nunca desistir
Um sonho que leve a gente a acreditar**

**Eu peço pra Deus o caminho iluminar
Que a luta que eu travo não me traga dor**

Eu faço o possível pra gente ganhar
A guerra de miséria que a gente criou

Cê tá ligado o quanto é difícil
Quando lá em cima querem derrubar
Mas quando embaixo se pede ajuda
Ninguém dá a mão se é pra te levantar

Sonhar, nunca desistir
Ter fé, pois fácil não é, nem vai ser
Tentar até se esgotar suas forças
Se hoje eu tenho eu quero dividir
Ostentar pra esperança levar

Sonhar, nunca desistir
Ter fé, pois fácil não é, nem vai ser
Tentar até se esgotar suas forças
Se hoje eu tenho quero dividir
Ostentar pra esperança levar e o mundo sorrir

Criança quer ser jogador
Pra dar pra família um futuro melhor
Acende essa luz aí no fim do túnel
Que é pra esse menor no futuro enxergar

Se hoje eu tenho, eu quero dividir
Ostentar pra esperança levar
Pras crianças nunca desistir
Um sonho que leve a gente a acreditar

Acredito e tenho o pé no chão
Vou fazer um som, me jogar no mundão
Quero ser do bem não importa o estilo
Contanto que tenha tudo o que eu preciso

Minha família tá sempre aumentando
Meus amigos só vêm pra somar
Quando eu sinto que tá me atrasando
Eu já chuto pra longe pra não mais voltar

Sonhar, nunca desistir
Ter fé, pois fácil não é, nem vai ser
Tentar até se esgotar suas forças
Se hoje eu tenho, quero dividir
Ostentar pra esperança levar

Sonhar, nunca desistir
Ter fé, pois fácil não é nem vai ser
Tentar até se esgotar suas forças
Se hoje eu tenho eu quero dividir
Ostentar pra esperança levar e o mundo sorrir.

 No ano de 2015, criei "**Sua História**". O clipe foi obra da RW Produtora e chegou a 32 milhões de visualizações. A qualidade do material realmente ficou muito boa. A direção é do Alex Batista, roteirista que trabalhou com muitos artistas de peso, inclusive de fora do funk.

 Quer alguns dos exemplos dos trabalhos do Alex? NX Zero, Strike, Fresno, Gloria Shaman, Mafalda Minnozzi, Fernando e Sorocaba, Marcos e Belutti, Thaeme e Thiago,

Luan Santana, Lucas Lucco, Israel Novaes, Michel Teló e Wesley Safadão.

Só gente boa pra caramba! O Fernando Zor ajudou na produção. Ambos são de Sorocaba. Toma aí a letra:

"SUA HISTÓRIA"

**Eu tava aqui lembrando de você
E já sabendo a falta que cê vai fazer
Tem coisas que não dá pra entender
Por que você se foi?**

**Mas tenho fé que um dia
A gente vai se encontrar
Pra terminar aquele futebol
E eu prometo vou deixar você ganhar
Só pra te ver sorrir**

**E o céu deve estar rindo agora
Se você já contou aquela sua história
Sei que agora é tudo diferente
Mas vai durar pra sempre na minha memória
O céu deve estar rindo agora
Se você já contou aquela sua história
Sei que agora é tudo diferente
Mas vai durar pra sempre na minha memória**

**Agora o que resta é saudade
Ainda não acredito que é verdade
Mas se isso foi Deus quem quis assim
Pra sempre vou guardar dentro de mim**

Mas tenho fé que um dia
A gente vai se encontrar
Pra terminar aquele futebol
E eu prometo vou deixar você ganhar
Só pra te ver sorrir

O céu deve estar rindo agora
Se você já contou aquela sua história
Sei que agora é tudo diferente
Mas vai durar pra sempre na minha memória.

•

"**Tchuk Tchuk**" chegou em 2016. Foi uma música que fiz com o MC THD e foi pro canal do KondZilla. Chegou a 44 milhões de visualizações. A gente fala de Pokémon GO, de festa e de México. É um clipe muito louco!

"TCHUK TCHUK"

MC Gui me deu um salve, convocou todas as danadas
Que hoje vai ter baile lá perto de casa
O som do THD que estremece a quebrada
Convoca as menina, as mais bela da quebrada

O MC Gui foi quem lançou só pras meninas sacana
O THD que lançou só pras meninas sacana

É tchuk tchuk, oh tchuk tchuk com as malandra
É tchuk tchuk, oh tchuk tchuk com as malandra
É tchuk tchuk, oh tchuk tchuk com as malandra
É tchuk tchuk, oh tchuk tchuk com as malandra

THD me deu um salve, convocou todas as danadas
Que hoje vai ter baile lá perto de casa
Ao som do MC Gui que estremece a quebrada
Convoca as novinha, as mais top da quebrada

O THD quem lançou só pras meninas sacana
MC Gui lançou só pras meninas sacana

É tchuk tchuk, oh tchuk tchuk com as malandra
É tchuk tchuk, oh tchuk tchuk com as malandra
É tchuk tchuk, oh tchuk tchuk com as malandra
É tchuk tchuk, oh tchuk tchuk com as malandra

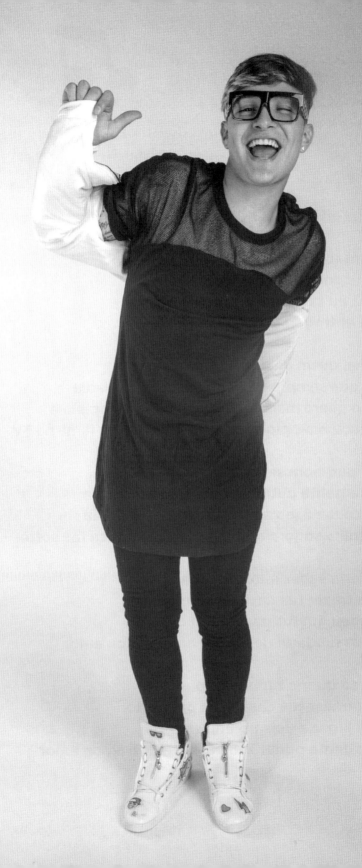

Em 2017, criei "**Na Hora do Amor**". Lancei, pela revista *Capricho*, para minhas fãs guináticas. Chegamos a 290 mil *views* e a letra é esta aqui:

"NA HORA DO AMOR"

**Nem todo mundo acredita
Em conto de fada
Mas eu tenho meu anjo da guarda
Me entregou de presente você

Olha, quem diria
Eu que sempre fui de me jogar na ousadia
Não quero mais nada além da tua companhia
Eu sou mais pipoca, um beijo teu e um filme na TV

Ai, que bom seria
Se a gente pudesse ficar junto todo dia
Você faz a letra e eu já canto a melodia
A trilha sonora de um amor que nunca faz sofrer

Queria saber mexer no mapa
Pra trazer tua casa mais pra perto
O meu quarto parece um deserto
Com saudade desse teu amor, amor, amor

Eu só queria ter um mapa
Pra trazer tua casa mais pra perto
Um lugar a dois no universo
Pra gente poder brincar de amor, amor, amor**

Na hora do amor
Você sabe o que dizer
Se o peito sente dor
Você sabe o que dizer
Se a gente se estressou
Você sabe o que dizer

Ninguém no universo
Me conhece igual a você
Eu nem sabia
Mas antes de te conhecer
Já te queria

Eu já pensava no teu beijo todo dia
Eu já dormia e sonhava
Sempre com você

Queria saber mexer no mapa
Pra trazer tua casa mais pra perto
O meu quarto parece um deserto
Com saudade desse teu amor, amor, amor

Eu só queria ter um mapa
Pra trazer tua casa mais pra perto
Um lugar a dois no universo
Pra gente poder brincar de amor, amor, amor

Deixa eu tentar mexer no mapa
Pra trazer tua casa mais pra perto
O meu quarto parece um deserto
Com saudade desse teu amor, amor, amor

**Eu só queria ter um mapa
Pra trazer tua casa mais pra perto
Um lugar a dois no universo
Pra gente poder brincar de amor, amor, amor**

**Nem todo mundo acredita
Em conto de fada
Mas eu tenho meu anjo da guarda
Me entregou de presente você**

São muitas músicas, e cada uma tem a sua história. Acho que chegou a hora de contar algumas delas pra você entender como eu vivi tudo isso.

FOI DIFÍCIL CHEGAR LÁ?

Olha, eu poderia inventar uma história de superação e afirmar com todas as letras que enfrentei poucas e boas pra chegar aonde estou na minha carreira. Mas a verdade não é bem essa.

Foi, na verdade, tudo muito rápido e eu nem tive tanto tempo assim pra pensar. Nem parei pra refletir sobre o que aconteceu de fato.

A gente pensou em um vídeo. Gravou. Depois de uma semana, já tínhamos acumulado milhões de acessos. O sucesso de "**Ela Quer**" foi completamente inacreditável – é essa a palavra.

Ninguém esperava isso e digo mesmo que muita gente não acreditou no potencial daquela música. Eu e a minha equipe botamos fé e a coisa toda fluiu.

Na época eu não tinha muita noção musical, não sabia a diferença entre melodia e ritmo. Nem me preocupava tanto com o sentido da música, porque não tocava nenhum instrumento. Não importava. Fiz a coisa meio que instintivamente e deu no que deu. Hoje já toco violão, arrisco uma bateria e estou estudando bastante para melhorar cada vez mais.

Defino minha trajetória nem como tão fácil e muito menos como difícil; eu diria que o caminho teve seus obstáculos, como qualquer outro, mas eles foram superados em alta velocidade. Simplesmente aconteceu! Foi rápido, o que é uma palavra diferente dos dois opostos e que pode definir melhor a minha carreira.

Não foi uma caminhada sofrida – foi meteórica. Acho que dessa forma nunca mais vai acontecer.

GUI, VOCÊ VAI FAZER FACULDADE?

Nunca fiz faculdade, mas aprendi na estrada a fazer o meu funk, criar o meu som, e sempre fiz o que fiz porque sou um cara hipercurioso. Mas, independentemente do que fizer, dê orgulho aos seus pais. Há diversas formas de fazer sucesso, e nem todas elas passam pelos 50 milhões do YouTube. Nem mesmo pelo funk ostentação, ou pela própria música.

Estudar, colocar a cara nos livros e aprender mais sobre o mundo é bom pra todo mundo. E cada um faz do seu

jeito. Se divertir fazendo o que é correto é o ideal para ser uma pessoa feliz e realizada na vida.

Mas acho que você, que me lê o meu livro, deve estudar e procurar seu caminho. Valorize os livros, a educação e o conhecimento, porque são várias as formas de crescer na vida, prosperar e produzir o que você quer.

Parcerias

O Latino é um cara que eu respeito muito e que é ponta firme. Não imaginava que chegaria a trabalhar com ele, e consegui isso com pouco tempo de carreira.

O cara faz sucesso desde os anos 1990 como cantor pop lá do Rio de Janeiro. "**Me Leva**" é uma música que todo mundo lembra, além de "**Festa no Apê**". O som dele é massa demais, muito performático e bacana. Depois do sucesso, ele se tornou um importante produtor musical no país, e tive o privilégio de trabalhar com ele.

Em 2014, o Latino foi um grande parceiro e participou da minha música "**Beija ou Não Beija**". O clipe tinha diversos efeitos especiais, falava de Facebook e de vocês, minhas queridas fãs.

O Latino é um gigante da música e foi importante trabalhar ao lado dele. Demos risadas e foi uma gravação muito divertida, em uma tarde de sol bem bacana. Ele não é do funk, mas reconheceu meu potencial. A gente precisa ajudar os artistas que podemos alavancar, porque apoio é bem-vindo pra todo mundo.

PARCERIAS DE PESO

O Mr. Catra foi outro cara que me deu força quando eu estava bem no começo. Foi a maior inspiração que tive. Ele me trouxe o contato com o hip hop negro. O Latino repetiu essa influência de fora, me fornecendo o pop.

O lançamento dos trabalhos tem um gostinho diferente com gente nova participando deles. Foi assim com o rapper americano Silentó, em 2015, divulgando meu som pelo Facebook. E se repetiu com muitos outros, porque eu não consigo ficar parado! E porque meu som se expandiu com influências diferentes, graças a essa vontade de somar e agregar o trabalho dos artistas que me inspiram.

Foi assim que o MC THD participou de **"Tchuk Tchuk"** em 2016. Não durmo no ponto e chamo quem eu puder pra participar do meu som.

QUEM SABE FAZ AO VIVO

Além de ter bons parceiros, é muito importante o que de fato você faz no palco. Lá em cima, muitas influências fazem parte da minha música.

As inspirações são a fórmula do sucesso e se misturam muito bem com as minhas criações. O sertanejo e o arrocha dão a liga perfeita com as minhas letras românticas – aquelas mesmas que você ama – e também incluo elementos do pagode. Eu escuto de tudo pra mandar bem ao vivo, porque, diante do público, você só tem uma chance. Sou muito eclético, ouço tudo, menos rock, que não é muito a minha praia.

OSTENTAÇÃO INTERNACIONAL

Viajei pra fora do Brasil graças às conquistas das minhas criações. A explosão na internet, as parcerias e a turnê nacional me levaram para programas na TV Record, no SBT e em praticamente todas as emissoras de televisão. Fiz ainda muitos Dia de Princesa com pessoas que queriam se aproximar de mim e do meu trabalho.

Participei das atividades de comemoração aos 50 anos da TV Globo, e lá cantei ao vivo a música "**Sonhar**", que me deu mais notoriedade e me transmitiu um sentimento único. Fiz também uma aparição no programa *Encontro com Fátima Bernardes*, que enriqueceu minha carreira.

Assim, nosso território brasileiro ficou pequeno pra mim. Esse avanço me levou pra viagens aos Estados Unidos e ao Japão, em 2017, onde recebi muito apoio e ganhei projeção internacional.

O time por trás da fama

Além do sentimento e do romance que guiam e inspiram todas as minhas músicas, existe uma estrutura grande que faz tudo acontecer: o meu time. Nada seria possível sem todas as pessoas dedicadas batalhando junto. São elas que dão o toque de magia que envolve tudo o que foi criado pelo MC Gui. Elas são a empresa MC Gui, e este capítulo é dedicado a todas.

ESTRUTURA DA EQUIPE

Há em torno de 70 pessoas trabalhando diretamente comigo hoje, fora toda a equipe de segurança dos shows, as pessoas que fazem as contratações e outras funções do tipo.

Tem gente também que vende faixas com meu nome, lembrancinhas das apresentações, pôsteres e muitas outras coisas indiretamente. Estou rodeado por muita gente diferente e interessante, daí vou colecionando algumas histórias de estrada.

A música "**Sonhar**" me remete diretamente a uma história que não sai da minha cabeça. Ela explodiu de tal maneira que, além de tocar multidões, deu emprego pra muita gente. Tinha um cara que vendia faixinhas em minha homenagem e sempre viajava conosco pelo Brasil todo, chegando a pegar avião com o meu time. E ele sempre dizia: "Tô ficando rico com o seu sucesso".

Esse homem estava praticamente sustentando a família dele com os meus shows. Portanto, foi uma pessoa que empreguei mesmo sem ter o menor planejamento dentro da estrutura que a produtora montou pra turnê. Era um senhor de 45 anos e, cara, eu o ajudei pra caramba... fico até meio emocionado lembrando disso.

Meu time é formado por muito amor, por gente de visão e por pessoas que, graças a Deus, eu consegui ajudar indiretamente sem nem saber direito.

Muita gente embarcou na nossa aventura louca! E por sorte todos se deram bem.

UMA HISTÓRIA TOCANTE

Acredito que "**Sonhar**" tenha sido minha música de maior sucesso, mas não posso esquecer de "**O Bonde Passou**", que todo mundo conhece também. No entanto, "**Sonhar**" teve um significado diferente pra mim e me trouxe um romantismo e uma esperança que eu não tinha expressado nas minhas criações até então. Ela trazia toda uma energia diferente.

A música significa muita coisa para muitas famílias, e tem uma história da qual sempre me lembro com profunda admiração. Fico feliz quando me vem esse caso na memória e posso dividi-lo com alguém. Uma criança, minha fã, estava com câncer avançado. Os médicos diziam que ela estava com os dias contados. Disseram ao pai que a menina só sobreviveria por uma semana.

DERAM SOMENTE SETE DIAS PARA AQUELA VIDA, E ELA GOSTAVA MUITO DE MIM. ELA ERA FÃ DO MC GUI, COMO VOCÊ, QUE LÊ MEU LIVRO. E ESCUTAVA "SONHAR", O QUE DAVA A ELA UMA GRANDE MOTIVAÇÃO PARA VIVER. ME EMOCIONA LEMBRAR DISSO, POR ISSO DECIDI GRAVAR UM VÍDEO PRA ELA.

No vídeo, eu pedia força, mandava um beijo e cantava a música que ela tanto admirava. E o prazo dela terminou, segundo os médicos, depois daqueles dias.

Só que ela não morreu. Essa minha fã sobreviveu mais de um mês motivada pela esperança que "**Sonhar**" trazia. A menina resistiu com força e coragem mesmo diante do sofrimento que é aquela doença. Os médicos chegaram a perguntar pros pais o que eles estavam fazendo pra dar tanta energia pra ela sobreviver a todos aqueles dias.

Eles contaram que o MC Gui estava mandando vídeos com a música. Até hoje eu encontro o pai dela. E me emociono toda vez. Mas infelizmente ela faleceu...

Isso mostra que o papel do músico é muito importante. A música "**Sua História**", que escrevi com Lucas Nage, o mesmo coautor de "**Sonhar**", foi dedicada ao meu falecido irmão. E as duas, por assim dizer, querem transmitir algo positivo, trazem uma linguagem pessoal e próxima que entra direto no coração de todos os meus fãs.

Você, que lê meu livro, sabe disso. E é esse sentimento que explica o meu sucesso. Não se trata apenas de uma busca por dinheiro, mas, sim, o compromisso em transmitir a mensagem que eu quero deixar pra minha geração.

Justamente por isso essas duas músicas são as minhas favoritas. Sou louco por elas, assim como vocês são, que eu sei!

A perda do meu irmão

O Gustavo esteve comigo desde o começo da minha carreira. Ele já acreditava no meu dom como cantor quando eu tinha 10 anos e não era ninguém, assim como ele. Meus pais deram a força de que precisávamos para começar. E ele, junto com toda a minha família, trabalhou com a produção e lidou com a correria que um artista como eu tem ao fazer turnês nacionais e internacionais, ou mesmo lançar discos.

Pra mim é difícil falar sobre meu irmão. E por algum tempo foi até insuportável pensar que ele não estava mais com a gente. Que tinha acontecido algo que realmente o levou embora para sempre.

Mas acredito que o verdadeiro amor permanece em nosso coração. Para viver bem, é necessário não sofrer além da conta pelas dores que infelizmente aparecem. Foi assim que o Gu passou a viver dentro de mim. No fundo do meu peito.

Os amigos e os familiares confortam muito a gente. Quando acontece algo assim, isso é muito importante. As lembranças vêm sempre. Tenho sonhos com o Gu, assim como minha mãe e meu pai também têm. É difícil aceitar a partida dele, mas a gente tem que aprender a lidar com isso. Graças a Deus, com tudo o que aconteceu na minha vida antes e depois da morte dele, a gente foi entendendo por que certas coisas são inevitáveis.

Este mundo é mesmo muito louco. Enquanto estava escrevendo este livro, fiz gravações em programas de TV – e nesse meio-tempo minha mãe chegou a ficar internada na UTI, devido a complicações advindas de uma cirurgia estética. Mas, graças a Deus, ela se recuperou!

A vida é assim: basta um piscar de olhos para que tudo mude em nossa vida! Por isso temos que viver intensamente o hoje.

VOCÊ AMA ALGUÉM?
SE TIVER QUEM ABRAÇAR, ABRACE ESSA PESSOA HOJE.
NÃO DEIXE PARA AMANHÃ.
SE TIVER QUEM BEIJAR, BEIJE HOJE.
O AMANHÃ, NA VERDADE, SÓ PERTENCE A DEUS.
PENSO ASSIM SOBRE A VIDA.

Este capítulo é provavelmente o mais difícil desde que decidi criar este livro para vocês. Mas resolvi escrever justamente para contar o que vivi e revelar muita informação que nunca foi a público.

E é fundamental frisar a importância do meu irmão em minha vida. Um cara totalmente honesto que cantou comigo, que aguentou minhas dores, minhas indecisões e tudo o que precisei fazer para ser reconhecido no funk. Um cara que dividiu comigo inúmeras alegrias, além dos meus pais que sempre acreditaram em mim, nele e na minha irmã.

E vamos ao capítulo mais difícil de tudo o que fiz até aqui.

VÍTIMA DE UM MAL SOCIAL

Pelo que eu e minha família soubemos, o Gu tinha se tornado usuário de drogas quatro meses antes de morrer, em 2014. Só que eu só tinha visto ele utilizar maconha. Nada de pó. Nada de coisas pesadas. A gente ia às festas se divertir, mas não passou pela minha cabeça que ele tinha caído nessa.

E isso, eu digo: é um grande mal social. É o que muitas vezes condena os jovens, sejam eles da periferia ou não. É o que faz muitas pessoas e suas famílias sofrerem. É o que joga o Brasil na miséria.

Gustavo morreu por overdose de cocaína e só soubemos nove meses depois, com o laudo médico. Ele tinha só 17 anos.

Era 21 de abril. O coração dele não aguentou, e nós sofremos como nunca. Guináticos, guináticas e outras pessoas que se comoveram com a tragédia que abateu sobre nossa família fizeram diversas homenagens ao Gu pelas redes sociais de tantas formas, tão carinhosas, numa verdadeira corrente de solidariedade e amor a mim e aos meus familiares.

Antes disso, meu pai tinha dito que amarraria o Gu em casa se o visse com drogas. Foi bem sério quando ele falou isso pro meu irmão. Infelizmente, ele não ouviu. A namorada dele na época, a Giulia, também o alertou, mas ele caiu na tentação. Ficou estranho, agressivo e distante.

Quando saiu o laudo, eu dei uma entrevista ao Fantástico, da Globo, passando minha mensagem: "Pensamento positivo e jamais se envolver com drogas. Você tem uma vida maravilhosa pela frente. Então, tem que seguir em frente com a cabeça erguida, sempre com os pés no chão".

E disse no mesmo depoimento que me afastei de pessoas que consumiam drogas. Eu nunca quis segregar ninguém. Minha música é pra todo mundo e a minha mensagem pode ser entendida por qualquer pessoa. O funk é popular e continuará sendo, porque é o som da favela e do povo.

Mas a tragédia do Gustavo me trouxe uma importante lição. Não se envolva com drogas e com substâncias que podem acabar com a sua saúde. A dor que vem delas não acaba apenas com você, mas também com a sua família e com aqueles que você ama.

EM MEMÓRIA DO GUSTAVO

O que eu guardo da perda do meu irmão? As boas lembranças. O olhar dele para o mundo. Guardo as ideias que ele sempre compartilhou comigo e com minha família. Ideias vinculadas à felicidade, à gratidão e ao orgulho de ser quem somos.

O Gu era uma pessoa iluminada. Embora tenha sido uma vítima do sistema, ele foi guerreiro como todos nós somos, pelo menos um pouco, todos os dias. Em homenagem, tatuei o nome dele e um símbolo do infinito.

Meu amor pelo meu querido irmão Gustavo nunca vai acabar ou se apagar. Estará vivo na minha memória. Por isso, também estará sempre no meu coração. Ainda é amor, mesmo depois da morte.

O poder da minha mãe
(e do meu pai, e da minha família)

Falei bastante sobre meu pai, Rogério, que foi um dos grandes responsáveis por eu cair de cabeça na vida da música. Ele sempre foi muito criativo e me ajudou a pensar nos clipes, deu a linha para criar as rimas, embarcou na onda comigo curtindo o som. Ele é o cara.

Mas o grande alicerce da minha vida sempre foi minha mãe, Claudia, que me ensinou a ter juízo e um pouco de prudência no meu estilo de curtir e na carreira. Por exemplo, ela é o freio de mão nas minhas aventuras com carro. Desde quando tirei carta, não quis parar mais. Sou fanático por carros, gosto de acelerar, de sentir a potência do motor e o vento. E é minha mãe quem garante que eu fique vivo nessas aventuras – ela e a fé em Deus. Ao me colocar limites, literalmente, ela me ensinou de verdade o que é o amor, o afeto, o que é respeito e como é possível conquistá-lo pela obediência.

Sempre fui um cara teimoso e que gosta do perigo, e é claro que não dava bola para o que minha mãe dizia e sempre fazia o que vinha à cabeça. Numa dessas, já sofri acidentes de moto bem feios. Óbvio que ela ficou louca com isso! Mesmo me dando uns puxões de orelha, ela me passou valores de família que nunca esquecerei e que mantenho para toda a vida.

Não é só minha fã incondicional, dona Claudia é uma fortaleza, e eu explico o motivo: como uma verdadeira rainha, ela coordena boa parte da minha agenda e dos meus shows, sondando os custos de cada etapa da produção e me colocando a par das negociações. Isso tem feito com que me torne independente aos poucos, pois estou aprendendo a me gerenciar, a gerenciar minha carreira, e isso a tem deixado um pouco triste, mas é o caminho natural a se seguir.

NAS ENTREVISTAS

Às vezes minha timidez me impede de falar na frente dos jornalistas, eu travo! Não consigo falar – mas adoro as câmeras, e quem me segue sabe! Então, já aconteceu de a minha mãe falar com a mídia no meu lugar. Ela está lá pra me representar e já contou a minha história um monte de vezes, contando como eu sou família, como dependi dos meus pais para conquistar todo o sucesso que alcancei e o que fiz com a minha própria música. Minha mãe é uma grande organizadora.

Se meu pai deu aquela força para tudo começar, minha mãe foi quem deu o suporte para que tudo tivesse não só maior repercussão, mas para que as coisas realmente andassem na produtora e com as pessoas que me cercam. Ela é uma heroína, uma rainha, uma poderosa.

No Stories do Instagram comentei que minha mãe ficou internada na UTI por causa de complicações de uma cirurgia estética. Foi doloroso demais vê-la no hospital. Tudo isso rolou em novembro de 2017, quando eu já estava me dedicando a este livro, e foi parar na mídia. As orações dos meus fãs, dessa comunidade linda que me cerca, nos deram forças para encarar esse momento de dificuldade.

Logo ela teve alta, embora isso não tenha impedido que eu me sentisse aflito com toda a situação, pois ainda sinto as dores por causa da perda do Gu. Minha família já passou por poucas e boas, e nada foi fácil. Minha mãe tatuou o Gu no corpo dela, assim como eu, pra gente não esquecer o que aconteceu e o que aprendemos com aquela situação.

Felizmente, a mulher que me acompanha é uma guerreira, uma força que dificilmente qualquer obstáculo vai derrubar, uma pessoa com brilho próprio e com um caráter insubstituível. Minha mãe é a responsável por eu estar onde estou hoje.

No entanto, ela não é a única pessoa que tem me ajudado nesse caminho, não foi a única a me apoiar nem é a única a me aturar, com todos os meus defeitos, e ainda assim me ajudar a superar as dificuldades que aparecem pelo meio do caminho.

Há outra pessoa que me compreende muito, que sabe muito da minha história e que me deu muito carinho em momentos cruciais. Essa pessoa, assim como o restante da minha família toda, amarei eternamente.

A FORÇA DA MINHA IRMÃ

A Stefani é minha irmã. Ela tem um brilho único, é superinteligente e cuidadosa, usando as redes sociais para mostrar o quanto nossa família é unida. Minha irmã administra minha grife de roupas, a G-Style, com muita competência. A ideia de abrir a loja surgiu da imensa procura dos fãs pelo estilo de roupa que eu usava.

Ela tem um coração de ouro. Quando o Gustavo nos deixou, ela deu a declaração que resume o que sentimos naquele momento: "Você vai deixar um vazio que jamais será preenchido! Vou te amar eternamente".

E a minha irmã mostra como cada um de nós é necessário nessa engrenagem que se tornou o meu trabalho e as atividades de cada um. Nos tornamos muito companheiros uns dos outros, somos família, colegas de trabalho. E muito felizes assim.

Falando sobre felicidade, hora de entrar num assunto que eu gosto muito: as gatas e as redes sociais.

A mulherada e o Instagram

É claro que eu não ia escrever um livro sem homenagear todas as mulheres que foram e são importantes para minha vida. Minha mãe, minha, irmã... e especialmente você, que está lendo este livro.

Conheço mulheres que são fundamentais para a produção dos meus shows. Conheço muitas MCs fantásticas. Conheço mulheres muito diferentes umas das outras. E todas são fundamentais para a minha vida.

Todas elas me observam nas redes sociais. Todas elas influíram nas músicas que compus. O mundo é profundamente feminino.

E é por isso que aproveito este capítulo para falar, sim, um pouco sobre as mulheres ao meu redor. E também pra abordar um fenômeno muito louco: o Instagram.

AS GATAS

Por incrível que pareça, eu sou um cara tímido.

Desde cedo tive a mídia no meu pé, porque estourei no YouTube. Porque a minha música pegou. Porque, na verdade, era música de festa e de azaração. E a mulherada me seguiu. Mesmo eu sendo novo.

As "novinhas" entenderam a minha mensagem. E foi assim que, aos poucos, me tornei, sim, um cara namoradeiro. Sou uma pessoa que desfruta de boas companhias e que gosta de agradar. E conheci muitas mulheres incríveis.

O intuito de escrever este capítulo não é mostrar uma lista de namoradas. Não é expor mulheres importantes da minha vida. Não é fazer nada de ruim com essas pessoas. O objetivo é só contar um pouco sobre o que falaram de mim e o que aprendi com todas essas relações.

E tem muita coisa que na verdade era pura amizade. Por que a confusão? Porque a imprensa não sabia em quem acreditar e rolava muito boato. Essa fase da minha vida sempre foi uma loucura.

Mesmo com controvérsias, vivi de uma maneira muito bacana com essas pessoas que ganharam o meu carinho e o meu coração. E senti, através delas, a verdadeira mensagem que quero deixar ao mundo.

Ainda sonho em casar e ter uma linda família ao meu lado. Mas nada ainda está fechado e eu preciso passar por muita coisa na vida.

A imprensa especulou muito que eu teria namorado Rafaella Santos, a irmã do Neymar. Sempre fui um grande amigo do jogador e ele já apreciou meu som, mas a história nunca foi verdade.

A Rafaella sempre foi muito amável e amiga comigo, mas nunca rolou nada. Ela virou amiga da minha mãe, e sempre recebeu bem a minha família. Mas a galera viaja muito na maionese.

Também tenho uma amizade muito bacana com a atriz Larissa Manoela, que faz um grande sucesso na internet.

A namorada que a mídia realmente conheceu foi a Luiza Cioni, que antes de me conhecer não queria ficar comigo. Tivemos um relacionamento superbacana em 2016, terminamos e eu voltei com saudade em maio de 2017, quatro meses depois do fim.

Dei aliança de diamante e a tratei como a princesa que ela merece. Sou um cara carinhoso, ciumento e cuido muito quando me importo.

Mas tenho muita coisa pra viver e, na real, não tenho pressa!

A DOIDEIRA DO STORIES

E nesse vai e vem de relacionamentos, uma das mídias sociais que mais frequento é o Instagram. Especialmente o Stories, aquela ferramenta muito parecida com Snapchat de vídeos que se autodestroem com o passar do tempo.
Eu vibro demais com ele!

E é ali que tenho o canal mais franco com fãs. Não tem filtro nenhum e apareço como sou na vida real. Falo do que ando compondo, mostro locais onde estou e conto os sentimentos que existem nas minhas músicas.

Nesse canal tenho uma relação direta com fãs, que mandam sempre que me amam em mensagens privadas. Lá também tenho a oportunidade de mostrar para todos que sou um jovem normal. Que ando fazendo as minhas coisas e que é tudo corrido mesmo!

Existe um grande assédio da mídia a respeito da minha vida privada, e os fãs se escondem até no aeroporto para me dar abraço, pedir autógrafo e ter aquele minutinho ao meu lado. Eu sinto que o Stories encurta distâncias, dando a possibilidade de mandar um papo reto e sem firula alguma.

Isso acontece porque, no final das contas, o que interessa é deixar a sua marca no mundo, e não virar fonte de fofocas. Foi assim que, de alguma forma, descobri que a minha música despertava o amor nas pessoas. Amor, esse sentimento que é o mais maravilhoso do mundo.

Eu sou um cara ciumento, de já ter feito barraco em balada por uma mina, mas um dos sentimentos mais nobres que nutro dentro de mim é a afeição aos meus fãs. Eu gosto de verdade, nada falso. É completamente sincero.

E isso vem do sentimento que eu consigo colocar na minha música.

Sonhar, nunca desistir. E ter fé!

"**Sonhar**", de 2014, é a minha maior música. Ela embalou o fim da vida de uma das minhas fãs, que sofria de câncer. Eu toco e canto "**Sonhar**" ao vivo com violão, muito diferente dos funks tradicionais que trazem efeitos eletrônicos. Ela tem uma melodia doce e profunda. E a letra serve para diferentes momentos da vida.

Se você está decepcionado com alguém ou com alguma situação, ela te levanta. Se você está vivendo um relacionamento bacana e anda beijando muito na boca, ela é inspiradora. Se você está enfrentando uma dificuldade familiar que parece impossível, a música pode ser uma fonte de mudança. Se te falta rumo na vida, as palavras que coloquei na letra falam de fé.

A BATIDA CONTINUA
CAVALINHO
NOVINHA BANDIDA

Como falei em capítulos anteriores, eu não tenho exatamente uma rotina ou um único método para criar meus funks. Acho que parte da atmosfera e do ar de "**Sonhar**" vem do sertanejo brasileiro.

Ao mesmo tempo que é extremamente popular, a música não é nada ostentação e não traduz tanto o cantor que eu era no começo de carreira. Precoce, menor de idade e atrevido, meu estilo não combinava totalmente com uma música de superação. De qualquer forma, ainda assim fui capaz de criá-la.

Então levanta as mãos e canta comigo! Porque é hora de saber mais sobre esse grande sucesso.

A ESCOLHA DO TÍTULO:
"SONHAR. NUNCA DESISTIR!"

Eu poderia ter escolhido o nome de outra música para destacar na capa deste livro, poderia ter relacionado mais com o funk ostentação, poderia ter escolhido outro nome simplesmente para dar mais destaque. Mas "**Sonhar**" expressa exatamente o que pretendo com o trabalho que fiz até aqui.

A ideia do livro é oferecer o meu relato de vida para as fãs e os fãs que querem entender a minha trajetória. E o maior objetivo de vida que fui construindo aos poucos é justamente transmitir positividade nas minhas criações.

Queria que os jovens comprassem este livro e se inspirassem. Queria que a juventude se enchesse de mais positividade. E queria que as pessoas mirassem nos bons exemplos.

Ao decidir fazer o livro, logo pensei: vou me inspirar em "**Sonhar**". Tem potencial pra alcançar muita gente.

O povo brasileiro precisa de um pouco de idealismo, esperança e exemplo. E isso falta pra muita gente, que acaba se rendendo à diversão arriscada, que recorre a coisas que podem prejudicar a própria vida e a de toda a família.

GRATIDÃO

Minha vida não foi tão fácil quanto se imagina, apesar de não ter sido a mais dura. Eu tive que aprender a lidar com o sucesso, e não tem manual de instruções pra isso. Mas nunca andei sozinho.

Os meus sonhos, o que conquistei e o que imaginei de ideal para a sociedade firmaram o meu nome e os meus princípios. Graças a tudo isso, hoje posso ajudar outros funkeiros e outros músicos.

Por que faço isso? Porque o Mr. Catra me convidou pro palco. Porque muita gente me levantou quando eu era menino. E todo mundo que me ajudou me fez valorizar cada conquista. Nada mais justo que retribuir dando o meu melhor e trazendo oportunidades para outros talentos também.

Cada ingresso vendido, cada fã que convidei pro palco e cada faixa que autografei significam muito para mim. A maratona de trabalho e de esforço é cansativa, mas o amor dos fãs é a maior recompensa que eu podia ganhar.

MINHA MENSAGEM PARA VOCÊ

Valorize o caminho das pedras, o esforço e a honestidade.
Valorize quem aprendeu com erros.
Valorize quem ama a família.
É preciso sonhar e não desistir.

Isso permite ter fé.
Isso permite acreditar.
Permite viver o presente com os olhos no futuro.
Permite não ficar preso aos seus defeitos e se superar.

A gente cresce muito pensando assim.
Eu vou tentar até ficar sem forças.
Vou aproveitar tudo o que a vida me dá hoje...
... e o que ela ainda vai me dar no futuro.

A importância de ter sonhos

A primeira produtora de shows com quem conversei não acreditava que eu poderia fazer um trabalho sério. Não acreditava no meu potencial. Duvidava que um cara novinho como eu pudesse fazer sucesso, mas meu pai insistiu e entrei na ÚLTIMA vaga disponível, ou seja, eu não era aposta para ser um sucesso.

Eu não tinha música pronta, não tinha nenhuma grande produção. Não sabia direito nem o que falar, mas tinha a cara de pau de chegar lá e arriscar, coisa que poucos têm.

Mesmo sendo muito novo, em poucos meses me tornei o principal destaque e fenômeno daquele escritório de artistas. Assim que crescemos, saímos de lá. E tudo isso só aconteceu por insistência do meu pai e pelo gosto que peguei nessa carreira.

Poderia, em inúmeros momentos, ter desistido de tudo lá no começo. Existiram chances de isso acontecer, o que teria mudado tudo. Mas a gente enxergava um potencial ali.

Por isso é importante ter sonhos, como falo na música **"Sonhar"**.

O lance é nunca desistir.

JÁ PEDIRAM PARA EU RETRABALHAR A MINHA PRÓPRIA IMAGEM

Quando fui sondar uma produtora grande para fazer um clipe que estava pronto na cabeça do meu pai, eles recomendaram: "Vocês têm que refazer a imagem do MC Gui, ela não é apropriada".

Não era a imagem correta para aquela gente.

Poderia ter desistido ali, ter duvidado do meu trabalho, do meu empenho e da mensagem de união que eu sempre quis trazer. União e curtição. Positividade.

No final das contas, não abaixei a cabeça e segui em frente com o que pretendia fazer com a minha história. Não deixei de ser o sonhador que contagia os corações de mulheres e outras pessoas incríveis que me acompanham. Não deixei de ser quem eu era.

Fui de menino a homem nos palcos.

O QUE EU RECOMENDO PARA VOCÊ NÃO DEIXAR DE SONHAR?

O idealismo é uma coisa boa e ter fé em Deus e nas coisas boas pode te ajudar nos momentos de dificuldade. Por isso mesmo, separei algumas dicas para você refletir sobre sucessos e fracassos e tentar mudar sua vida, seja qual for sua história ou trabalho.

Tudo isso foi baseado na minha vivência. Por isso é importante que vocês saibam que a experiência varia de pessoa para pessoa.

• Não fuja na primeira dificuldade

Recusaram seu contrato? Tiraram sua chance de fazer sucesso profissional? Descartaram seu nome?
Levante a cabeça e não desista.
Fechou uma porta? Entra pela janela.
Comece a pensar num plano B, C, D...
Se você acredita no que faz, é isso o que deve fazer.
Agora, se você tem alguma dúvida, nunca é tarde para correr atrás do que realmente te faz feliz e mudar de ideia.

• Não subestime suas próprias capacidades

No meu começo de carreira, falavam mal da tal "estética" dos meus clipes. Mas eles conversavam com uma nova geração, que vive o que é retratado nos vídeos – o jovem da periferia que quer vencer e viver bem, apesar dos obstáculos.

Muitas vezes mandaram que eu mudasse o foco, minha imagem, que tentasse de outra maneira, mas não cedi.

Recomendo o mesmo para você. Não abaixe a cabeça para qualquer coisa que te falarem. Analise e tire o que for positivo dos comentários.

O que for negativo, jogue na lata do lixo.

A personalidade é importante para quem faz arte. E perdê-la é meio que morrer um pouco. Você precisa ser você mesmo para acreditar no que se faz.

Subestimar a si mesmo acaba tirando a oportunidade que você tem de deixar a sua marca no mundo.

E eu vim aqui pra permitir que essa molecada deixe a sua marca e ocupe o seu espaço. Não vim pra impedir ninguém de fazer sucesso. Porque é isso que vivi e desejo para todos.

• Uma vez lá em cima, se cuide para não cair

Tá fazendo sucesso? Cuide-se.
Não caia na tentação fácil das drogas.
Não caia na tentação de deixar seus amigos sozinhos.
Não se embebede.
Não exagere. Busque uma vida mais equilibrada.
Lute por um mundo melhor do que o que existe hoje.
Tive muita chance de ir pro caminho fácil, mas sempre foquei no trabalho duro e em investir na minha carreira. E é assim que deve ser. Falo disso sem ser careta ou chato, porque os erros que cometemos serão cobrados, muito mais caros, mais pra frente.

Perdi um irmão e vários amigos para as drogas e não quero perder mais ninguém. Por isso escrevo este livro: para transmitir positividade. Por isso continuo no palco cantando músicas de união e de coisas boas pra todo mundo.

- **Queira sempre mais**

Está satisfeito por ter chegado aonde chegou? Não se acomode. Tente mais. Tente se superar. Vá em frente.

As ambições fazem parte dos sonhos. Elas são como a gasolina do carro. Você precisa disso para acelerar, ter ideias e ser criativo. Colocando tudo no papel, em seus planos, você vai perceber que sempre há mais coisas a se fazer.

O futuro não é feito para quem quer ficar quieto e tem medo das coisas. O futuro não é dos covardes. Os corajosos vão lá e fazem.

- **Caiu? Levante-se**

A gente está na vida pra tomar porrada mesmo. Mas todas elas ensinam e nenhuma delas vem sem lições. À medida que você faz as coisas certas, tudo se encaminha para o que se deseja de verdade neste mundo.

E nada disso vem sem o esforço próprio.

Fazendo o que deve fazer, você não cai na primeira dificuldade. Acumulando força, você não cai nem nos piores problemas. Você aprende a improvisar e criar. Não tenha medo de parecer tosco no começo. A coisa vai crescendo muito conforme o medo se perde.

Eu caí, me levantei e vou fazer isso quantas vezes forem necessárias.

• Viva mais para ter sonhos

Saia de casa. Vá saber o que as pessoas estão falando. Descubra seus problemas e as delícias de se viver bem. Tenha contato com a rua e com o povo. Não tenha medo de ter contato.

Vá abraçar, beijar, ser feliz.

O sonho nunca vai surgir em casa, às portas fechadas, numa visão de mundo ideal que não tem contato com o cotidiano.

Faço a música que faço porque as pessoas na rua precisam dela e a amam. E me amam por isso. É o que sinto.

E O CÉU DEVE ESTAR RINDO AGORA SE VOCÊ JÁ CONTOU AQUELA SUA HISTÓRIA

"Sua História",
MC Gui

Para além do funk

Muita gente vai se deparar com este livro e dizer: mas o que um menino de 19 anos tem a dizer?

Você viu que minha história realmente foi marcada por coisas que são totalmente loucas, fora do comum! Por isso decidi fazê-lo. É um livro pra fãs! Pra que você nunca esqueça de mim nem da minha arte.

EM DEFESA DO FUNK

Pra fechar, quero deixar minha opinião sobre o funk e explicar o porquê de acreditar no meu som. Ouço funks antigos e às vezes vejo muitas referências a drogas e muitas frases de duplo sentido. Sinceramente, não acho que isso seja bom para os jovens.

Tem algumas músicas desse tempo que também dão muita ênfase ao sexo, ao crime e ao tráfico. Tudo isso deve ser orientado pelos pais, professores, sociedade em geral.

Além disso, deve haver um controle efetivo da classificação da faixa etária dessas músicas, para que o funk seja curtido sem causar tanta discriminação.

POR QUÊ? EU EXPLICO: O FUNK É ARTE. O FUNK É EXPRESSÃO CULTURAL. O FUNK HOJE COLOCA ARROZ E FEIJÃO NO PRATO DE MUITAS FAMÍLIAS BRASILEIRAS.

O que fiz com esse estilo musical foi mudar a mensagem que ele traz e traduzir o que sinto. Falo de jovens que querem conquistar o seu amor, que querem curtir uma balada e que querem lutar pelos seus objetivos. Uma juventude que aspira à boa vida.

Então é muito bom ver que o meu trabalho honesto traduz um novo funk, com uma mensagem muito mais positiva. Eu represento uma nova geração que corre atrás do que acredita e não se contenta com pouco. Dou voz a um povo que tem uma história difícil, mas nunca desiste de sonhar.

Minha missão é "ostentar pra esperança levar" – até onde meu funk chegar.

A BATIDA CONTINUA
CAVALINHO
NOVINHA BANDIDA
COLINHO DO PAPAI
ELAS GOSTAM ASSIM

Discografia

ÁLBUM

***O Bonde é Seu* (ao vivo)** — 2014
- Vendeu mais de 30 mil cópias

SINGLES

"O Bonde Passou" — 2013
- 52 milhões de visualizações no YouTube e mais de 33 mil comentários

"Ela Quer" — 2013

"Beija ou Não Beija?" — 2014
- 22 milhões no YouTube e 11 mil comentários

"Sonhar" — 2014
- 65 milhões no YouTube e surpreendentes 47 mil comentários

"Sua História" — 2015
- 33 milhões no YouTube e mais de 45 mil comentários

"Tchuk Tchuk" com MC THD — 2016
- 44 milhões no YouTube e mais de 27 mil comentários

"Na Hora do Amor" — 2017
- Mais de meio milhão de visualizações no YouTube (e o número só cresce)

DVD

***O Bonde É Seu* - ao vivo** — 2014
- Vendeu mais de 30 mil cópias

Quiz

O que você sabe sobre o MC Gui?

Marque um X na alternativa correta.

1. Qual é meu nome verdadeiro?

A. ( ) Guilherme Alves Silva.
B. ( ) Gilson Carlos Alves.
C. ( ) Guilherme Kauê Castanheira Alves.
D. ( ) Guilherme Castanheira Silva.

2. Qual carro aparece no meu primeiro clipe?

A. ( ) Uma Ferrari.
B. ( ) Uma BMW.
C. ( ) Um Porsche.
D. ( ) Um Fusca.

3. Qual foi meu primeiro sucesso?

A. ( ) "Ela Quer".
B. ( ) "Beija ou Não Beija".
C. ( ) "Camaro Amarelo".
D. ( ) "Sonhar".

4. Qual era o nome da dupla que formei com meu irmão?

A. ( ) "Os Moleques".
B. ( ) "Os Menorzinhos".
C. ( ) "Os Batutinhas".
D. ( ) "Os Novinhos".

5. Quantos milhões de *views* eu alcancei no YouTube para fazer sucesso?

A. ( ) 1 milhão.
B. ( ) 5 milhões.
C. ( ) 100 milhões.
D. ( ) 50 milhões.

6. Qual foi a música que compus com o Latino?

A. ( ) "**Sonhar**".
B. ( ) "**Beija ou Não Beija**".
C. ( ) "**O Bonde Passou**".
D. ( ) "**Sua Vida**".

7. Quem foi uma das grandes inspirações internacionais no meu começo de carreira?

A. ( ) Bruno Mars.
B. ( ) Justin Bieber.
C. ( ) Elvis Presley.
D. ( ) Justin Timberlake.

8. Qual é o nome do meu irmão?

A. ( ) Gabriel.
B. ( ) Lourenço.
C. ( ) Gustavo.
D. ( ) Bruno.

9. Quem é meu ídolo teen?

A. ( ) The Beatles.
B. ( ) Justin Bieber.
C. ( ) Madonna.
D. ( ) Lady Gaga.

10. Quais são os nomes do meu pai e da minha mãe?

A. ( ) Sandra e José.
B. ( ) Carla e João.
C. ( ) Lorena e Carlos.
D. ( ) Claudia e Rogério.

Respostas

1 – C
2 – C
3 – A
4 – B
5 – D
6 – B
7 – B
8 – C
9 – B
10 – D

TIPOGRAFIA	GILL SANS, TANDELLE E WRONG TIME, WRONG PLACE
PAPEL DE MIOLO	OFF SET 90g/m²
PAPEL DE CAPA	CARTÃO 250g/m²
IMPRESSÃO	IMPRENSA DA FÉ